GARFIELD
super duo

PAR JIM DAVIS

JIM DAVIS

GARFIELD
super duo

TRADUIT DE L'AMÉRICAIN PAR
JEAN-ROBERT SAUCYER

© 1998 Paws Inc.
Tous Droits réservés

Version française:
Presses Aventure, une division de
Les Publications Modus Vivendi Inc.
C.P. 213, Dépôt Sainte-Dorothée
Laval (Québec)
Canada
H7X 2T4

Dépôt légal: 1ier trimestre 1998
Bibliothèque nationale du Québec
Bibliothèque nationale du Canada

ISBN: 2-922148-30-0

QU'EST-CE QUE J'AIMERAIS RECEVOIR 25 KG DE LASAGNE!

KRONG !!!

© 1987 United Feature Syndicate, Inc.

POURQUOI AI-JE FAIT PAREIL VOEU UN LUNDI MATIN?

JIM DAVIS 5-18

IL EXISTE PLUSIEURS TRUCS AFIN DE RENDRE UNE DIÈTE PLUS ALLÉCHANTE

© 1987 United Feature Syndicate, Inc.

CERTAINS ESTIMENT QU'IL SUFFIT DE DÉGUISER LE GOÛT DES ALIMENTS

ÇA TOUJOURS L'AIR D'UN BÂTONNET DE CÉLERI!

JIM DAVIS 5-19

JE DÉTESTE LES DIÈTES

ELLES SONT CONTRAIRES À LA MORALE

UN ESTOMAC VIDE EST UN GASPILLAGE TERRIBLE

JIM DAVIS 5-20

HÉ! GARFIELD!

VOICI UNE RÉCOMPENSE POUR AVOIR SUIVI TON RÉGIME

J'AI OUBLIÉ COMMENT ON MANGE!

JIM DAVIS 5-21

N'AVEZ-VOUS JAMAIS SONGÉ À FAIRE CARRIÈRE COMME PAQUEBOT?

TA MÈRE ÉTAIT UN BROYEUR À DÉCHETS

MAL ENGUEULÉ

JIM DAVIS

5-22

ALLEZ! PESEZ-VOUS! JE SERAI DÉLICAT, PROMIS!

CIEL! QUEL BOUDIN!

ET FACILE À DUPER

JIM DAVIS

5-23

© 1987 United Feature Syndicate, Inc.

GARFIELD

BONSOIR CHÈRE LORI! LE DÎNER EST SERVI

VOTRE STEAK, MADAME

OUF OUF OUF

ODIE! ÉLOIGNE-TOI DE LA TABLE!

RENDS-MOI ÇA!

RRRRR

LÂCHE-LE! LÂCHE-LE! LÂCHE-LE!

5-24

AIIIIEEEEE!!!

QU'A-T-ELLE?

ELLE HAIT LES ANIMAUX

JIM DAVIS

MAMAN, DEVINE CE QUE J'AI ACHETÉ AU MARCHÉ AUX PUCES!

JIM DAVIS

UN CRÂNE DE TAUREAU COMME ON EN VOIT DANS LES WESTERNS

DERRIÈRE TOI, JON!

© 1987 United Feature Syndicate, Inc.

MINUTE MAMAN, JE PENSE QUE JE VAIS HURLER

5-27

SAIS-TU GARFIELD QUE TOUTE CRÉATURE PROVIENT D'UNE FORME DE VIE INFÉRIEURE?

NON, JE L'IGNORAIS!

5-28

JIM DAVIS

BIEN SÛR! CELA TOMBE SOUS LE SENS!

© 1987 United Feature Syndicate, Inc.

LES CAILLOUX DESCENDENT DU CHIEN!

© 1987 United Feature Syndicate, Inc.

JIM DAVIS 5-31

NOUS, LES CHATS, AIMONS RÔDER DANS LE NOIR

NOTRE REGARD PERÇANT NOUS PERMET DE TOUT PERCEVOIR MALGRÉ L'OBSCURITÉ

ZUT!

CLIC

AUTANT MOURIR TOUT DE SUITE!

ODIE

VOICI UNE NOUVELLE PÂTÉE POUR TON REPAS DU SOIR, GARFIELD

GARFIELD

UNE BOUFFE À TENEUR ÉLEVÉE EN FIBRES

GARFIELD

GARFIELD

6-6

DIS-MOI GARFIELD...

SI LA SURVIE DU PLUS FORT EST LA RÈGLE...

POURQUOI ES-TU DES NÔTRES?

J'ÉVITE LES COURANTS D'AIR

JIM DAVIS 6·12

TU ES PATHÉTIQUE, GARFIELD

Z

JIM DAVIS 6·13

QUE VAIS-JE FAIRE DE TOI?

D'ABORD, TU POURRAIS ME RÉVEILLER DE TEMPS EN TEMPS ET ME RAPPELER D'AVALER

À L'AIDE!

POUF!

© 1987 United Feature Syndicate, Inc.

EUF... J'AI FAIS LE PLUS BEAU DES RÊVES...

JIM DAVIS

6-14

WHAM!

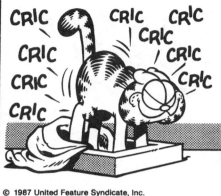

© 1987 United Feature Syndicate, Inc.

© 1987 United Feature Syndicate, Inc.

BON ANNIVERSAIRE GARFIELD!

IL Y A QUANTITÉ DE CHANDELLES

IL VAUT MIEUX ME RÉJOUIR DE MON ANNIVERSAIRE

FFFFFF

SI L'ON CONSIDÈRE L'AUTRE ISSUE

JIM DAVIS 6-19

OUAIS

BIEN VRAI QUE J'AI NEUF ANS

À EN JUGER PAR LES POCHES SOUS MES YEUX

JIM DAVIS 6-20

VOICI UN REPAS SANTÉ, GARFIELD!

CROQUETTES SÈCHES ET EAU DU BOYAU

PAPILLES GUSTATIVES, REPOSEZ-VOUS!

IL NE RESTE PLUS DE BOUFFE POUR CHATS, GARFIELD. QUE DIRAIS-TU DE LA BOUFFE POUR CHIENS?

REFORMULONS LA QUESTION: DE LA BOUFFE POUR CHIENS OU RIEN DU TOUT?

WOUF!

JE REVIENS AVEC

JE ME MOQUE QUE TU TROUVES SON GOÛT AFFREUX. MANGE CELA SINON IL FAUDRA T'EN PASSER

SPLUT!

MMM... IL A RAISON. LE GOÛT EST AFFREUX

6-26 JIM DAVIS

COMMENT FAIT-ON POUR QU'UN CHAT CAPRICIEUX MANGE SA PÂTÉE?

ON FAIT SEMBLANT QU'ON S'APPRÊTE À LA LUI ENLEVER

ÇA MARCHE À TOUT COUP!

JIM DAVIS 6-27

RRR. QUOI?!!

GARFIELD, J'ESSAIE DE DORMIR! QUE VEUX-TU?

CE QUE TOUS LES CHATS DU MONDE VEULENT DE LEURS MAÎTRES À TROIS HEURES DU MAT...

MON OURSON DE PELUCHE!

J'AI BESOIN DE SOLVANT À COLLE

S'AGIT-IL D'UN HOLD-UP?

NON, VOYEZ, MON CHAT A MIS DE LA COLLE SUR CES LUNETTES ET...

VOTRE CHAT?

ÇA VOUS PARAÎT ÉTRANGE, HEIN?

PAS DU TOUT... ALLÔ POLICE?

L'INSECTICIDE ANTIPUCES À LA RESCOUSSE!

SSSSSSS

ZUT! C'EST MON DÉODORANT!

SUPER! JE CRAIGNAIS DE LES AVOIR OFFENSÉES

JIM DAVIS 7-1

JIM DAVIS 7-2

Garfield

JE SUIS MOROSE, GARFIELD

TIENS BON, JON! J'AI CE QU'IL TE FAUT

CECI DEVRAIT TE REMONTER

TES MISÈRES SONT BIEN PETITES À CÔTÉ DES MIENNES

JIM DAVIS 7-8

LA PIZZA EST GENTILLE ET LA BANANE RIEUSE

LA PÊCHE EST ATTACHANTE ET LES POIS RIGOLOS

VIVE LES ALIMENTS QUI ONT DE LA PERSONNALITÉ!

JIM DAVIS 7-9

GUILI-GUILI GENTIL MINET!

LE GENTIL MINET À SA MÉMÉ VEUT-IL UN BISOU?

LE GENTIL MINET À SA MÉMÉ S'EN VA VOIR AILLEURS S'IL S'Y TROUVE

TATA JOLI MINET!

JE FAIS SON COMPTE AU PROCHAIN QUI S'ADRESSE À MOI COMME À UN BÉBÉ

GUILI-GUILI GENTIL MINET!

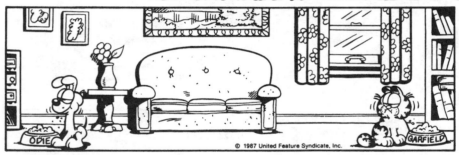

© 1987 United Feature Syndicate, Inc.

JIM DAVIS 7-12

REGARDE BIEN DES DEUX CÔTÉS AVANT DE TRAVERSER LA RUE

scriiiiiiiiiiiii

L'IDÉE, BIEN SÛR, CONSISTE À S'ASSURER QU'AUCUN CAMION NE VIENT

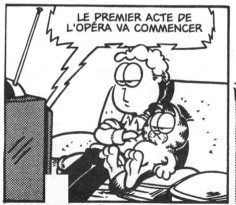

LE PREMIER ACTE DE L'OPÉRA VA COMMENCER

CLIC

POURQUOI AS-TU CHANGÉ DE CHAÎNE?

ON N'INSULTAIT PLUS MON INTELLIGENCE

LA-LA-LAAA

GRRR!

GARFIELD EST ALITÉ CE MATIN. J'ASSURE SON REMPLACEMENT

NE TOUCHE PLUS À CETTE FOUGÈRE, COMPRIS?

SAPRISTI! TU M'ÉCOUTES! SERAIT-CE QUE TU ME RESPECTES ENFIN?

REFAIS DONC BOUGER DE NOUVEAU CETTE PETITE CHOSE QUI PEND AU FOND DE TA GORGE, DIS!

ON PRÉSENTAIT UN FILM DE SCIENCE-FICTION METTANT EN VEDETTE DES LÉGUMES QUI IMITENT D'AUTRES FORMES DE VIE

JIM DAVIS 7-17

© 1987 United Feature Syndicate, Inc.

J'AI ÉTEINT LE POSTE...

JE REGARDE LA TÉLÉ POUR M'ÉVADER

DIS, GARFIELD, TU VIENS JOGGER CE MATIN?

TU PLAISANTES OU QUOI?

L'ESSOUFFLEMENT PEUT CAUSER DES LÉSIONS AU CERVEAU

© 1987 United Feature Syndicate, Inc.

OUF OUF OUF

LA PREUVE!

JIM DAVIS 7-18

CE RÉFRIGÉRATEUR POURRAIT ÊTRE LE VÔTRE

AU FOND DE SA GROTTE DE GIVRE SE CACHENT

© 1987 United Feature Syndicate, Inc.

UNE MAYONNAISE ANTIQUE, UN CHOU FOSSILISÉ DONT LA MUTATION À TRAVERS DES ÉTERNITÉS LE FAIT ACCÉDER À UNE FORME DE CONSCIENCE...

JUSQU'AU JOUR MAUDIT OÙ IL S'ANIME ET DÉCIME UNE VILLE ENDORMIE

LE RÉVEIL DU CHOU MOMIFIÉ!

AIEEE!

JIM DAVIS 7-19

À PRÉSENT GARFIELD, FINIS DE NETTOYER LE FRIGO!

SILENCE, IDIOT! TU VAS RÉVEILLER LES PATATES DORMANTES DE LA PLANÈTE FONGUS

ENFIN! UN SOMPTUEUX REPAS EN TOUTE QUIÉTUDE...

JIM DAVIS 7-20

ET GARFIELD N'EST PAS EN VUE

ET CELA M'INQUIÈTE

JE TE LAISSE LIBRE DE CHOISIR TON ACTIVITÉ DE LA JOURNÉE, POOKY

POUF

PAS BAVARD, MAIS DE BONNES IDÉES!

JIM DAVIS 7-21

TU MINCIRAIS SI TU BOUGEAIS UN PEU

© 1987 United Feature Syndicate, Inc.

JIM DAVIS 7-22

PEUT-ÊTRE QUE SI J'INSPIRAIS PLUS PROFONDÉMENT...

JE M'ENNUIE... JE HAIS L'ENNUI

VITE, GARFIELD! UN DOCUMENTAIRE SUR L'ÉVOLUTION DES POIGNÉES DE PORTE DÉBUTE À L'INSTANT!

© 1987 United Feature Syndicate, Inc.

D'AUTRES S'Y COMPLAISENT

JIM DAVIS 7-23

© 1987 United Feature Syndicate, Inc.

ALLONS À LA PÊCHE, GARFIELD!

QUE DIS-TU DE MON ATTIRAIL?

JE PENSE QUE TU AS RAISON

UN POISSON PARALYSÉ PAR UN ACCÈS DE RIRE HYSTÉRIQUE EST PROBABLEMENT PLUS FACILE À ATTRAPER

JIM DAVIS 7-27

J'AI LE MATÉRIEL, LES HAMEÇONS. ALLONS À LA PÊCHE!

MINUTE GARFIELD!

JE SUIS ACCROCHÉ AUX RIDEAUX

RUDE JOURNÉE EN PERSPECTIVE

JIM DAVIS 7-28

ALLONS EN PROMENADE, GARFIELD! C'EST UN BON EXERCICE

JIM DAVIS

MÊME UNE COURTE PROMENADE VAUT MIEUX QUE PAS DU TOUT

T'AS RAISON

8-3

© 1987 United Feature Syndicate, Inc.

RENDS-TOI À LA CUISINE ET REVIENS!

POUKCH

GARFIELD

JE SUIS UN ARTISTE

JIM DAVIS 8-4

© 1987 United Feature Syndicate, Inc.

SLURP!

J'ABSORBE CE QUE JE VOIS

TAP TAP TAP

JIM DAVIS 8-5

© 1987 United Feature Syndicate, Inc.

ÇA PAR EXEMPLE! ET COMMENT AU JUSTE EN ES-TU ARRIVÉ LÀ?

ME CROIRAIS-TU SI JE DISAIS DES HEURES DE PLANIFICATION?

DEBOUT GARFIELD! LE PETIT-DÉJEUNER EST LE PLUS IMPORTANT REPAS DE LA JOURNÉE

GARFIELD

TU AS RAISON, JON. JE SUIS TOUT À FAIT D'ACCORD

GARFIELD

© 1987 United Feature Syndicate, Inc.

SOIS UN BRAVE TYPE ET RAPPORTE-LE-MOI À MIDI!

GARFIELD

JIM DAVIS

8-6

TU SAIS GARFIELD, LA VIE RESSEMBLE À UN BOL DE CERISES

SOUVENT ON SE RETROUVE AVEC LES NOYAUX!

ET JE TE LES FERAI AVALER

GARFIELD, ON A MIS AU POINT UN ROBOT À L'INTELLIGENCE ARTIFICIELLE

ET APRÈS?

JE SERAI IMPRESSIONNÉ QUAND ON INVENTERA LA FOURBERIE ARTIFICIELLE

JIM DAVIS 8-8

8-7

IL N'Y A QU'UN MOYEN DE SE DÉFAIRE D'UN COMPLEXE DE CULPABILITÉ

FAIRE EN SORTE DE LE MÉRITER!

JIM DAVIS 8-12

NOUS, HUMAINS, SOMMES CHOYÉS, GARFIELD. NOUS POUVONS CHANTER ET JOUER D'UN INSTRUMENT

VOUS, LES CHATS, NE POUVEZ TÉMOIGNER DE VOTRE APPRÉCIATION DE LA MUSIQUE

AH MAIS SI!

JIM DAVIS 8-13

J'AI VENDU TON PIANO

PRENDS LE DERNIER BISCUIT, GARFIELD

JE NE DEVRAIS PAS

SOIT!

IDIOT! NE SAIS-TU PAS RECONNAÎTRE LA SINCÉRITÉ INSINCÈRE?

OH! OH! IL SEMBLE QUE MONSIEUR S'APPRÊTE À NOUS DÉBALLER UN AUTRE VIEUX CLICHÉ

"CELUI QUI S'EMPLIT LES POCHES AVEC LES CAILLOUX DU MÉFAIT COULERA AU FOND DE LA RIVIÈRE DE LA BONNE FORTUNE"

CE GARÇON FUT TROUVÉ DANS UN BISCUIT CHINOIS

CETTE PLACE EST LIBRE?

OUI MADAME

QUEL GROS MATOU! IL NE SEMBLAIT PAS SI GROS DEPUIS LE DEVANT DU BUS, CAR LES CHOSES PARAISSENT PLUS PETITES VUES DE LOIN

S'IL AVAIT UNE CRINIÈRE, ON DIRAIT UN LION, AUQUEL CAS IL DESCENDRAIT AU ZOO, J'IMAGINE!

J'AIME PAS LES ZOOS. JE NE SAIS JAMAIS DE QUEL CÔTÉ DES BARREAUX JE SUIS. LES ANIMAUX ONT-ILS CETTE IMPRESSION?

JE DOIS CHANGER DE PLACE; VOUS CAUSEZ TROP. JE NE M'ENTENDS PAS RÉFLÉCHIR!

ON FAIT DES RENCONTRES ÉTRANGES À BORD D'UN BUS

PAS SI FORT! URANUS A DES ESPIONS PARTOUT!

© 1987 United Feature Syndicate, Inc.

JIM DAVIS 8-16

L'UN DE MES ONCLES AVAIT L'HABITUDE DE JOUER AVEC UNE PELOTE...

À PRÉSENT, IL SERT DE MOTIF SUR UN PULL-OVER EN ANGORA

TU DIS ÇA POUR GÂTER MON PLAISIR, N'EST-CE PAS?

PEUX-TU COURIR CE RISQUE?

BELLE SITUATION QUE LA TIENNE, NON?

OUAIS

JON ME NOURRIT, ME FLATTE, CHANGE MA LITIÈRE ET SATISFAIT MES CAPRICES

ET LUI, QU'EN RETIRE-T-IL?

IL PEUT SE PRÉTENDRE LE MAÎTRE

JIM DAVIS 8-19

LA CURIOSITÉ FÉLINE DOIT ÊTRE CHAQUE JOUR SATISFAITE

POUF!

OUI, LA LOI DE LA GRAVITÉ EST TOUJOURS EN VIGUEUR

JIM DAVIS 8-20

AU FABRICANT DE BOUFFACHA, VOS ALIMENTS PROCURENT À MON CHAT UN PELAGE LONG ET SOYEUX, TEL QU'ANNONCÉ

VOUS DEVRIEZ TOUTEFOIS PUBLIER UNE MISE EN GARDE

8-21

"ÉVITER D'EN CONSOMMER PLUS DE 36 BOÎTES PAR JOUR"

TU NE FAIS RIEN DE TA VIE, GARFIELD. TU DEVRAIS TE REMUER ET... EUH...

T'OCCUPER À CE QUI OCCUPE EN PRINCIPE UN CHAT

VOILÀ POURQUOI J'AIME ÊTRE UN CHAT : NOS EXIGENCES SONT MINIMES!

JIM DAVIS 8-22

QUE DE DÉCISIONS!...

DOIS-JE MANGER D'ABORD ET DORMIR ENSUITE OU DORMIR ET MANGER ENSUITE?

HUM... D'ORDINAIRE, JE MANGE EN PREMIER LIEU. JE POURRAIS DORMIR D'ABORD POUR CHANGER...

PAR CONTRE, SI JE DORS EN PREMIER LIEU, ODIE POURRAIT VIDER MA GAMELLE AVANT MON RÉVEIL

Z

© 1987 United Feature Syndicate, Inc.

JIM DAVIS 8·25

SATANÉE PORTE À BATTANT!

JON DEVAIT L'AVOIR RÉPARÉE

GNGNGN!

JON, TE SOUVIENS-TU D'AVOIR EU L'IDÉE D'INSTALLER UNE PORTE À BATTANT?

SOUS PRÉTEXTE QU'ODIE ET MOI POURRIONS ALLER ET VENIR À NOTRE GUISE?

TU T'ES ENCORE GOURÉ!

© 1987 United Feature Syndicate, Inc.

VLAN

WHIRRRR

WHIRRRRR

JIM DAVIS 8-30

IL EST UNE CHOSE POUR LAQUELLE JE PUIS COMPTER SUR GARFIELD

JOLIS RIDEAUX, ARBUCKLE! CE SERAIT DOMMAGE QUE QUELQU'UN LES RÉDUISE EN SERPENTINS

LA PROTECTION

JIM DAVIS 8-31

JE ME DEMANDE QUELLE SERAIT SA RÉACTION EN CAS D'URGENCE

Z

AU FEU!

CELA NE DEVRAIT PAS M'ÉTONNER

JIM DAVIS 9-1

VITE, GARFIELD! COURONS À L'AUTO!

VITE! VERROUILLE LES PORTES! REMONTE LES VITRES!

ILS SURVEILLENT PROBABLEMENT DÉJÀ LA MAISON! NOUS REFERONS NOTRE VIE DANS UN AUTRE ÉTAT

UNE HISTOIRE DE BON-RABAIS PÉRIMÉ

JIM DAVIS 9-2

HEUREUX CELUI QUI POSSÈDE UN CHAT!

POSSÈDE? NUL NE POSSÈDE UN CHAT!

JIM DAVIS 9-3

IL S'AGIT PLUTÔT D'UN PRÊT À LONG TERME

NE CHANGE PAS DE CHAÎNE, GARFIELD. ON PRÉSENTE "HAMLET"

ÊTRE OU NE PAS ÊTRE

CLIC!

HÉ! QUE FAIS-TU?!

JE RÉSOUS UN DILEMME EXISTENTIEL À L'AIDE DE LA TECHNIQUE

9-4

J'AI ENVIE DE MONTRER MA BONNE NATURE AUJOURD'HUI

PROUF!

MA VILAINE NATURE FAIT PEUR À VOIR

9-5

JIM DAVIS

Garfield

EXACT BEVERLY. JE NE VOUS ACCOMPAGNERAI PAS CE SOIR

OUI, JE SAIS, VOUS ÊTES FOLLEMENT ÉPRISE DE MOI MAIS J'AI MIEUX À FAIRE

BEVERLY, VOUS SAVEZ COMBIEN JE DÉTESTE VOUS VOIR AINSI À MES PIEDS. SÉCHEZ VOS PLEURS

AU SON DU TIMBRE, IL SERA 10 HEURES

BIP

OH! LA FERME!

QUEL MONSTRE BRISE AINSI LE COEUR D'UN ORDINATEUR?

JIM DAVIS 9-6

GARFIELD

GARFIELD, TU ES EN PIÈTRE CONDITION PHYSIQUE

NENNI! JE REGARDE 30 MINUTES D'AÉROBIC PAR JOUR

9-13

AUSSI, JE T'AI ACHETÉ DES CHAUSSURES DE JOGGING

J'ESPÈRE QUE T'AS CONSERVÉ LA FACTURE

JIM DAVIS

ELLES SONT FAITES EN VUE D'ABSORBER LES CHOCS

WHAM!

C'EST JUSTE! J'AI PRESQUE RIEN SENTI

© 1987 United Feature Syndicate, Inc.

CES CHAUSSURES, OÙ SONT-ELLES?

LA DERNIÈRE FOIS QUE JE LES AI VUES, ELLES JOG-GAIENT EN DIRECTION DE LA POUBELLE

GARFIELD, TU CONSOMMES TROP D'ALIMENTS CARENCÉS. MANGE QUELQUE CHOSE DE BON POUR TOI

© 1987 United Feature Syndicate, Inc.

ABRACADABRA! TU ES UN BÂTONNET DE CAROTTE!

JIM DAVIS 9-18

LES GRANDS CHEFS SAVENT COMBIEN LA PRÉSENTATION DES PLATS EST IMPORTANTE

© 1987 United Feature Syndicate, Inc.

MIAM!

MAIS LES GRANDS MANGEURS SAVENT COMBIEN LA QUANTITÉ EST IMPORTANTE!

JIM DAVIS 9-19

TCHOUF!

HA! HA! HA! HA!

ZIP!

TCHOUF!

HA! HA! HA! HA! HA!

GEORGETTE! VITE VIENS VOIR ÇA! MAIS DÉGRAFE D'ABORD TON CORSET!

JIM DAVIS 9-20

N'ES-TU JAMAIS SÉRIEUX, GARFIELD?

J'IMAGINE QUE NON

DIFFICILE D'ÊTRE SÉRIEUX LORSQU'ON EST NU!

EUF

EUF... L'ENNUI EST CONTAGIEUX

DE MÊME QUE LA STUPIDITÉ!

AFFRANCHISSEMENT INSUFFISANT, GARFIELD

ZUT!

PARÉS À UNE SÉRIEUSE RIGOLADE, LES GARS?

DES FAUX SOURIRES!

HI! HI!

JE L'AMUSE LE TEMPS QUE TU PRÉVIENNES LA POLICE

JIM DAVIS 9-23

JIM DAVIS 9-24

QUE SE PASSE-T-IL GARFIELD?

JON! IL FAUT QUE TU NETTOIES LE FRIGO!

QUOI QU'IL EN SOIT, IL N'Y A PAS LIEU DE T'ALARMER, VIEUX

LE THON FRAIE DANS LA SOUPE AUX TOMATES!

JIM DAVIS 9-25

ON OBSERVE LA PEINTURE QUI SÈCHE, GARFIELD?

J'ESPÈRE QU'IL NE CROIT PAS QUE MA VIE EST TELLEMENT VIDE DE SENS QUE J'EN SUIS RÉDUIT À CELA

J'ATTENDS QU'ELLE ÉCAILLE

JIM DAVIS 9-26

UN VAUTOUR AFFAMÉ SE PERCHE AU-DESSUS DE SA PROIE ET ATTEND EN SILENCE QUE SA PITANCE RENDE SON DERNIER SOUFFLE

CLIC

CLIC

ASSEZ! TU SAIS COMBIEN JE DÉTESTE CE JEU!

PLUS DE VAUTOUR!

PLUS DE VAUTOUR!

Z

UN ALLIGATOR VORACE NAGE EN SILENCE VERS LES DOIGTS D'UN PAGAYEUR IMPRUDENT

RIEN N'APPARAÎT À L'ÉCRAN RADAR; AUSSI, J'APPOSE UN MONSIEUR SOLEIL JUSTE ICI

MAIS L'IMAGE SATELLITE NOUS PRÉVIENT DE L'ARRIVÉE D'UNE ZONE DE BASSE PRESSION; AUSSI, J'APPOSE DONC MONSIEUR TONNERRE ET SON ÉCLAIR JUSTE ICI

ATTENTION MONSIEUR SOLEIL! BOUM! KABOUM! VADABOUM!

DES MILLIONS EN MATÉRIEL ÉLECTRONIQUE ULTRA-PERFECTIONNÉ ET NOUS AVONS DROIT À CES GOUZI-GOUZI!

VOYONS LE TEMPS QU'IL FAIT!

LE TEMPS SEMBLE FAVORABLE À LA GRASSE MATINÉE

PARTIELLEMENT ENNUYEUX EN MATINÉE AVEC RISQUES DE DÉPRESSION INTERMITTENTE EN APRÈS-MIDI

JIM DAVIS 9-28

JIM DAVIS 9-29

LA DÉPRESSION, C'EST SE RÉVEILLER AVEC LE SENTIMENT QUE LE MONDE ENTIER VOUS EN VEUT

ET SE RENDRE COMPTE QUE C'EST JUSTE

JIM DAVIS 9-30

EN PLUS D'ÊTRE DÉPRIMÉ, J'AURAI DROIT AUX PLATITUDES QUE JON VA DÉBITER POUR ME REMONTER

TU ES DÉPRIMANT, GARFIELD, EN PLUS D'ÊTRE GROS ET PARESSEUX

ÉVIDEMMENT, LES PLATITUDES ONT L'AVANTAGE D'ALLER DROIT AU BUT

JIM DAVIS 10-1

JE RÉSERVE UNE SURPRISE À CE GROS CHIEN STUPIDE

IL S'APPROCHERA DE LA GLACE ET CROIRA QUE C'EST MOI

© 1987 United Feature Syndicate, Inc.

ALORS IL PASSERA À L'ATTAQUE ET TOMBERA DANS CETTE FOSSE

ALORS CE FILET S'ABATTRA SUR LUI

PUIS LA BÉTONNIÈRE BASCULERA ET LE CABOT SERA SUBMERGÉ DE BÉTON POUR MILLE ANS

MINUTE! REVIENS SUR TES PAS ET REPRENONS À ZÉRO!

JIM DAVIS 10-4

INSULTES-TU TOUJOURS CEUX QUI SE PÈSENT?

OUI, C'EST UN MÉCANISME DE DÉFENSE

LES INSULTES COMPENSENT MA DÉPRESSION, MON INSÉCURITÉ, MA RÉPUGNANCE POUR CE TRAVAIL, MON DÉPIT POUR CE SORT QUI EST LE MIEN

DÉSOLÉ D'ENTENDRE CELA

MERCI GROS BOUDIN!

© 1987 United Feature Syndicate, Inc.

JIM DAVIS 10-5

JIM DAVIS 10-6

© 1987 United Feature Syndicate, Inc.

POURQUOI NE PAS COURIR 100 KM AUJOURD'HUI, JON?

HEIN? DIS OUI! DIS OUI! DIS OUI!

BOING BOING

JIM DAVIS

TU BOIS TROP DE CAFÉ, GARFIELD

SINON ALLONS NAGER! NAGEONS JUSQU'À TAHITI!

10-7

© 1987 United Feature Syndicate, Inc.

BIGRE!

JIM DAVIS 10-8

JE RENONCE!

JE SUIS ZÉRO EN BOTANIQUE

DIRE QU'ELLES ÉTAIENT EN PLASTIQUE

© 1987 United Feature Syndicate, Inc.

J'AI DIT À LA FLEURISTE QUE J'EN AVAIS ASSEZ DE TE VOIR AVALER MES PLANTES

ELLE M'A JURÉ QUE TU NE BOUFFERAIS PAS CELLE-CI

MAIS J'EN DOUTE!

QUEL EST MON POIDS CE MATIN, RX-2?

VOUS PESEZ ENTRE 3 ET 16 KILOS

J'AI APPRIS QU'IL EST SAGE D'OFFRIR À MES CLIENTS UNE LARGE SÉLECTION

JIM DAVIS   10-10

LES GOURMANDS CONNAISSENT L'USAGE DES USTENSILES. CUILLÈRE À SOUPE, À THÉ, À CAFÉ, À SUCRE...

JIM DAVIS 10-16

ET MA PRÉFÉRÉE...

CUILLÈRE À CATAPULTER!

TOING !

SPLUT!

POURQUOI CRACHES-TU LES NOYAUX DE CERISES SUR LA TABLE?

PHTT

JIM DAVIS 10-17

J'AIME LES NUMÉROS DE DANSE ACROBATIQUE APRÈS DÎNER

Garfield

OH NON! QUELQU'UN A MANGÉ MA PÂTÉE!

GARFIELD

TIENS TIENS! VENTRES RONDS!

© 1987 United Feature Syndicate, Inc.

JIM DAVIS 10-18

VOUS NE SAURIEZ PAS CE QU'IL EST ADVENU DE MA PÂTÉE, PAR HASARD?

TE GÊNE PAS! ACCUSE-NOUS

C'EST TOUJOURS LA FAUTE DES SOURIS!

CONDAMNÉES SANS PROCÈS

TYRAN!

C'EST BON! NAVRÉ DE VOUS AVOIR BLÂMÉES

TU FAIS MIEUX DE L'ÊTRE!

JE LEUR SOUHAITE D'EXPLOSER

OUAIS! ET DORÉNAVANT, TOUT DOUX LA SAUCE PIMENTÉE!

EUF

10-23

AU LEVER, RIEN N'EST AUSSI APPRÉCIABLE QU'UNE TASSE DE CAFÉ

COMME JE LE DISAIS...

CHEZ BOB

UN MOMENT JE VOUS PRIE ET JE SUIS À VOUS

CE VENDEUR ME SEMBLE AIMABLE MAIS JE N'AI PAS VRAIMENT CONFIANCE EN LUI

PEUT-ÊTRE PARCE QU'IL FAIT SON BUREAU DANS UNE CAMIONNETTE DONT LE MOTEUR TOURNE?...

JIM DAVIS 10·28

HEUREUX D'AVOIR TRANSIGÉ AVEC VOUS! JE SUIS CONFIANT DE VOUS REVOIR SOUS PEU

MAIS JE N'AI PAS L'INTENTION D'ACHETER UNE AUTRE AUTO DE SI TÔT

JIM DAVIS 10-29

EN CE SENS, MA MÉCANIQUE EST FIABLE, VOUS VERREZ!

CRASH

VROOM

GRATT
GRATT
GRATT

Z Z

© 1987 United Feature Syndicate, Inc.

AÏE! MA
COUETTE!

11-1

ET PUIS APRÈS... JE NE DEVRAIS PAS
M'EMPORTER CONTRE LUI...

IL NE FAIT QU'AGIR
SELON SON INSTINCT
DE CHA...

JIM DAVIS

GARFIELD!

EST-CE LE COURRIER DE CE MATIN, GARFIELD?

SI!

VOICI LES LETTRES, LES FACTURES, DES CATALOGUES

ET DES PRIMES PUBLICITAIRES CIBLANT LES MILLIONNAIRES

T'ES PARESSEUX, GARFIELD

TU NE COMPRENDS VRAIMENT PAS JON

DANS L'ORDRE SUPÉRIEUR DES CHOSES, CHACUN DOIT TENIR SON RÔLE

FINI DE CHERCHER UNE JUSTIFICATION ?

LE MIEN EST DE DORMIR!

JIM DAVIS 11-2

JIM DAVIS 11-3

LES CHATS ONT DÉCLASSÉ LES CHIENS EN TANT QU'ANIMAUX FAVORIS

© 1987 United Feature Syndicate, Inc.

LA VICTOIRE AURAIT ÉTÉ PLUS GRANDE SI LA COMPÉTITION AVAIT ÉTÉ PLUS RUDE

JIM DAVIS 11-9

J'AI PARFOIS L'IMPRESSION DE TOURNER AU RALENTI

© 1987 United Feature Syndicate, Inc.

GARFIELD! À TABLE!

CHOOM!

MAIS IL Y A ENCORE DE L'ESSENCE DANS LE RÉSERVOIR

GARFIELD

JIM DAVIS 11-10

GARFIELD, TU ES LE PLUS PARESSEUX, LE PLUS LENT DE TOUS LES ANIMAUX SUR TERRE

AU CONTRAIRE

© 1987 United Feature Syndicate, Inc.

JE NE SUIS PAS TOUJOURS LENT

GARFIELD

JE BOUFFE PLUS VITE QUE MON OMBRE!

MMMIAM!

GARFIELD

JE M'ENDORS SUR-LE-CHAMP

PLOP

ELD

SLURP!

POUMP!

ET MON IMPATIENCE EST VIVE!

ARFIELD

11-15

JIM DAVIS

MOI, LE VENGEUR VOLANT, DONT LA MISSION CONSISTE À DÉPISTER LES INJUSTICES

ET D'UN GESTE DE MA MAIN HABILE, JE FAIS...

VILAIN, VILAIN, VILAIN!

JIM DAVIS 11-20

POURQUOI PORTES-TU UN DOSSARD, GARFIELD?

© 1987 United Feature Syndicate, Inc.

J'Y SUIS TENU POUR PARTICIPER À UNE NOUVELLE ÉPREUVE

LE MARATHON DU DORMEUR

11-21

JIM DAVIS

EUF

SPLASH SPLASH

C'EST LUNDI QUAND ON TROUVE AU RÉVEIL SIX GRILLONS FAISANT UN BALLET AQUATIQUE DANS SA GAMELLE D'EAU

MIAM MIAM MIAM

N'AS-TU PAS SUFFISAMMENT MANGÉ DE PASTÈQUE, GARFIELD?

MAIS NON

POURQUOI DEMANDES-TU ÇA?

PFFT!

DÉSOLÉ GARFIELD! JE NE T'AI PAS VU ASSIS...

LÀ

GARFIELD, POURQUOI ES-TU SI VANITEUX?

PARCE QUE LA MODESTIE SERAIT INCONVENANTE CHEZ UN CHAT D'UNE TELLE RACE

EN QUOI ME SUIS-JE TROMPÉ?

GARFIELD, TU BOIS TROP DE CAFÉ DEPUIS QUELQUE TEMPS

ON NE PEUT PAS BOIRE TROP DE CAFÉ

JIM DAVIS 11-30

TU M'INQUIÈTES

D'ACCORD! C'EST BON! J'EN BOIRAI MOINS

DONNE-M'EN UNE DEMI-TASSE!

VOILÀ CE QUE J'APPELLE UN CAFÉ BIEN FORT!

JIM DAVIS 12-1

TROP BU DE CAFÉ, GARFIELD?

OUAIS OUAIS OUAIS OUAIS

J'AI PRÉPARÉ LE CAFÉ QUI A FAIT MON RENOM, GARFIELD

ALLONS!... IL N'EST PAS SI MAUVAIS... PRENDS-EN UN PEU!

BON, ÇA VA

MAIS SEULEMENT UNE TRANCHE

HI!
HI!
HI!

GARFIELD, TE SOUVIENS-TU DE CETTE FOIS ALORS QUE JE BUVAIS DU COLA ET QUE TU M'AS FAIRE RIRE

ET QUE J'AI RENIFLÉ LE COLA PAR LES NARINES?

© 1987 United Feature Syndicate, Inc.

PUIS IL EST MONTÉ AUX SINUS

ET J'AI SENTI LE PÉTILLANT JUSQUE DANS MON CERVEAU?

T'ES PASSÉ À L'HISTOIRE MÉDICALE

HI! HI! HI!

JE N'AI PLUS FAIM

OUPS! J'AI GRIFFÉ UN BRIN DE LAINE

UNNNGGGHHH!!!

... UN LONG BRIN DE LAINE

JIM DAVIS 12-7

LE RAPPORT À LA BOUFFE EST BIZARRE

LES OBÈSES DÉTESTENT CE QU'ILS EN AIMENT

JIM DAVIS 12-8

ET LES MAIGRES AIMENT CE QU'ILS DÉTESTENT

© 1987 United Feature Syndicate, Inc.

SCRIII

VLAN!
SCRIII

ODIE?

ODIE?

JIM DAVIS 12-13

ON RACONTE QU'UN CHAT A PARCOURU 400 KM POUR RETROUVER SON MAÎTRE

JIM DAVIS

TE VOIS-TU PARCOURANT UNE TELLE DISTANCE, GARFIELD?

12-14

HA! HA! HA!

J'ENVERRAIS UNE CARTE POSTALE

ON NOUS APPREND QUE NOMBRE D'ARTISTES CRÈVENT DE FAIM AU SERVICE DE L'ART

GARFIEL

GLUCK

UN GLOUTON AFFAMÉ! BELLE IDÉE!

GARFIELD

JIM DAVIS 12-15